Tina Hellwig

Die Diskursanalyse der Düsseldorfer Schule

Mit einer exemplarischen Begriffsgeschichte des Wortes Hartz IV

GRIN - Verlag für akademische Texte

Der GRIN Verlag mit Sitz in München hat sich seit der Gründung im Jahr 1998 auf die Veröffentlichung akademischer Texte spezialisiert.

Die Verlagswebseite www.grin.com ist für Studenten, Hochschullehrer und andere Akademiker die ideale Plattform, ihre Fachtexte, Studienarbeiten, Abschlussarbeiten oder Dissertationen einem breiten Publikum zu präsentieren.

Dokument Nr. V184334 aus dem GRIN Verlagsprogramm

Tina Hellwig

Die Diskursanalyse der Düsseldorfer Schule

Mit einer exemplarischen Begriffsgeschichte des Wortes Hartz IV

GRIN Verlag

Bibliografische Information der Deutschen Nationalbibliothek: Die Deutsche Bibliothek verzeichnet diese Publikation in der Deutschen Nationalbibliografie; detaillierte bibliografische Daten sind im Internet über http://dnb.d-nb.de/ abrufbar.

1. Auflage 2011
Copyright © 2011 GRIN Verlag
http://www.grin.com/
Druck und Bindung: Books on Demand GmbH, Norderstedt Germany
ISBN 978-3-656-09055-7

Die Diskursanalyse der „Düsseldorfer Schule"

Mit einer exemplarischen Begriffsgeschichte des Wortes „Hartz-IV"

Tina Hellwig
Studienarbeit

Inhalt

Einleitung ... 3

Teil A: Die Düsseldorfer Schule

1. Geschichte der Düsseldorfer Schule ... 5
2. Ziele der „Düsseldorfer Schule" ... 6
3. Themen der Diskurse ... 7
4. Arbeit mit Textkorpora ... 9
5. Arbeitsmethoden ... 10
   - 5.1 Schlüsselwörter ... 10
   - 5.2 Metaphernanalyse ... 12
   - 5.3 International vergleichende Diskurs- und Argumentationsanalyse ... 13

Teil B: Eine Begriffsgeschichte am Beispiel des Wortes "Hartz-IV"

1. Die Entstehung des Begriffes *Hartz-IV* ... 15
2. Etablierung des Begriffes in der Gesellschaft ... 16
   - 2.1 Hartz-IV-Komposita ... 17
     - 2.1.1 Geschichte der Hartz-IV-Komposita ... 17
     - 2.1.2 Neutrale Komposita ... 18
     - 2.1.3 Komposita mit negativer Bedeutung des Begriffes ... 19
   - 2.2 Hartz-IV als Wort des Jahres ... 21
3. Hartz-IV-Umbenennung ... 23

Fazit ... 26

Literaturverzeichnis ... 27
   - Teil A ... 27
   - Teil B ... 28

Einleitung

In der hier vorliegenden Arbeit soll die Diskursanalyse der „Düsseldorfer Schule" genauer untersucht werden. Dabei stehen deren Ziele, Arbeitsmethoden und ihr Forschungsgegenstand im Zentrum. Sinn des Textes soll es also sein, einen breiten Überblick über den Forschungszweig, der Sprachgeschichte als Zeitgeschichte versteht, zu geben. Spezifische Forschungsergebnisse der einzelnen Mitglieder der „Düsseldorfer Schule" werden hierbei kaum beachtet. Als Grund hierfür sind der begrenzte Umfang dieser Arbeit und der fehlende Bezug zu aktuellen Diskursen zu nennen.

Diese Aktualität soll durch ein Praxisbeispiel, welches im zweiten Teil folgt, verdeutlicht werden. Hierfür wurde exemplarisch die Begriffsgeschichte des Wortes *Hartz-IV* analysiert. Da die umfangreiche Zusammenstellung eines Textkorpus im Rahmen dieser Arbeit nicht erfolgen kann, wird der diskurshistorische Aspekt nicht in Form einer chronologischen Auflistung von Nachrichten erfolgen, die sich mit der Thematik auseinandersetzen. Stattdessen werden der Beginn, die Entwicklung und der momentane Stand durch eine qualitative Auswahl von metasprachlichen Aspekten überprüft. So wird die Entstehung des Begriffes unter anderem durch sprachökonomische Kriterien erklärt und die Etablierung des Wortes durch das Vorkommen zahlreicher Komposita und dem Titel „Wort des Jahres 2004 repräsentiert. Abschließend wird die negative Konnotation, die *Hartz-IV* im Laufe der Jahre erhalten hat durch aktuelle Bestrebungen zur Umbenennung durch die Arbeitsministerin Ursula von der Leyen verdeutlicht.

Teil A

Die Düsseldorfer Schule

1. Geschichte der Düsseldorfer Schule

In den 1970er Jahren begründete Georg Stötzel die sogenannte „Düsseldorfer Schule" (der Name ergab sich aus dem Standort der Heinrich-Heine-Universität, an der er tätig war), indem er einige Aufsätze publizierte, die ein neues linguistisches Verständnis von Sprachgeschichte als Zeitgeschichte thematisierten.[1]

Dieser Ansatz führte über bisherige Arbeitsmethoden der Linguistik hinaus, indem nicht mehr ausschließlich diachrone Sprachwandelerscheinungen in Form von Lautwandelmodellen oder morphologischen Erscheinungen betrachtet wurden.[2]

Stötzel wies darauf hin, dass sich die Linguistik durch die bisher vorgenommene stark theoretische Ausrichtung, ihre Probleme selbst schuf. Er fügte daraufhin ihr eine sozialhistorische Komponente hinzu, die einen neuen linguistischen Forschungszweig begründete, der analog zur Zeitgeschichte der Historiker anzusiedeln war. In diesem sollten sprachbezogene Probleme nun genauer betrachtet werden, die die Gesellschaft als konfliktträchtig befand.[3] Die Heterogenität von Sprache in einer Demokratie sollte also durch die Analyse von relevanten Diskursen (vgl. Kapitel Themen der Diskurse) reflektiert werden.

Bald versammelten sich um Georg Stötzel weitere Sprachwissenschaftler, die als Mitglieder der „Düsseldorfer Schule" bezeichnet werden. Zu ihnen gehörten unter anderem Martin Wengeler, Matthias Jung und Karin Böke.[4]

Stand zu Beginn die Suche und Analyse von Schlüsselwörtern im Zentrum der Forschung, die in Form von Wörterbüchern präsentiert wurden (z.B. „Kontroverse Begriffe")[5], so wurden die Arbeitsmethoden der „Düsseldorfer Schule" im Laufe der Zeit immer

---

[1] Vgl. Martin Wengeler: „25 Jahre Sprachgeschichtsschreibung für die Zeit nach 1945". Hildesheim/Zürich/New York 2005. S. 2.
[2] Vgl. Dietrich Busse: „Historische Diskursanalyse in der Sprachgermanistik - Versuch einer Zwischenbilanz und Ortsbestimmung". Hildesheim/Zürich/New York 2003. S. 9.
[3] Vgl Wengeler, Martin, 25 Jahre Sprachgeschichtsschreibung für die Zeit nach 1945, S. 2.
[4] Vgl. Busse, Dietrich, Historische Diskursanalyse in der Sprachgermanistik - Versuch einer Zwischenbilanz und Ortsbestimmung, S. 9.
[5] Vgl. Georg Stötzel/Martin Wengeler (Hrsg.): „Kontroverse Begriffe. Geschichte des öffentlichen Sprachgebrauchs in der Bundesrepublik Deutschland". Berlin 1995.

vielfältiger. Mittlerweile stellt auch die Metaphern-, Argumentations- und Topos-Analyse ein wichtiges Instrument der Sprachgeschichtsforschung dar (vgl. Kapitel Methoden).[6]

Im Jahr 2003 zog Dietrich Busse eine erste Zwischenbilanz über die bisherigen Ergebnisse einer sogenannten historischen Semantik und verwies in diesem Zusammenhang auch auf die Düsseldorfer Linguisten. So sei die neue Forschungsrichtung mittlerweile in der germanistischen Sprachwissenschaft etabliert, jedoch finde sie in der germanistischen Gesamtsprachwissenschaft noch keine gesicherte Position und sie wird nicht überall für hinreichend unterstützungswürdig befunden.[7]

2. Ziele der „Düsseldorfer Schule"

Das übergreifende Ziel der Düsseldorfer Schule ist es, zu verdeutlichen, welchen Einfluss die Sprache auf das Bewusstsein und die Meinungsbildung von Teilnehmern der Gesellschaft hat. Dies trifft sowohl auf metasprachliche Diskurse zu, als auch auf öffentliche Diskussionen über rein politische Themen. Die dabei verwendeten Wörter können Meinungen über die Problematik demonstrieren und die Entwicklung des Diskurses dokumentieren.[8] Mitglieder der Düsseldorfer Forschungsgruppe haben es sich also zur Aufgabe gemacht, ebendiese Entwicklungen nachzuzeichnen und der breiten Öffentlichkeit zu präsentieren, um einerseits das Ineinandergreifen von Sprachformen und gesellschaftlich politischen Ereignissen zu demonstrieren und andererseits wichtige gesellschaftliche Probleme nachzuweisen.[9]

Jedoch erhoffen sich die Linguisten nicht nur einem „Laienpublikum" den Zugang zu einer sprachgeschichtlichen Betrachtung von Diskursen zu ermöglichen, sondern auch der Sprachwissenschaft neue wertvolle Forschungsansätze zu bieten.

---

[6] Vgl Wengeler, Martin, 25 Jahre Sprachgeschichtsschreibung für die Zeit nach 1945, S. 9.
[7] Vgl. Busse, Dietrich, Historische Diskursanalyse in der Sprachgermanistik - Versuch einer Zwischenbilanz, S. 9.
[8] Vgl. Georg Stötzel: „Einleitung". Berlin 1995. S. 1.
[9] Vgl. Karin Böke/Matthias Jung/Martin Wengeler: „Öffentlicher Sprachgebrauch". Opladen 1996. S. 9.

Der Linguist Dietrich Busse, welcher zwar nicht Mitglied der Düsseldorfer Schule ist, ihr mit seinen theoretischen Konzeptionen zur historischen Semantik jedoch wichtige Anstöße gegeben hat,[10] sieht in seinem Forschungszweig eine neue Chance für die diachrone Linguistik:

> „Da die Formengeschichte des Deutschen und seiner Vorstufen mittlerweile als gut, wenn nicht umfassend beschrieben gelten kann, treten sozialhistorisch motivierte Forschungsansätze zunehmend in den Mittelpunkt der diachronen Sprachforschung. Galt das Primat der sozialhistorischen Orientierung ohnehin schon für eine Geschichte der neueren Sprachstufen des Deutschen, [...] so ist eine historische Semantik ohne sozialhistorische Fundamentierung und Zielsetzung schlechterdings undenkbar."[11]

Wie bereits angedeutet erschaffen die Linguisten mit der Betrachtung der Sprachgeschichte eine parallele Wissenschaft zu der Zeitgeschichte und verknüpfen diese mit der Wissenschaft der Linguistik. So ersetzen sie gleichsam vorhergehende pragmatische Ansätze, die ohne gesellschaftliche Bezüge erarbeitet wurden, mit der Ansicht, dass lexematische, semantische und pragmatische Entwicklungen nur im Rahmen zeitgeschichtlicher Prozesse verstanden werden können.

3. Themen der Diskurse

Die „Düsseldorfer Schule" betrachtet ausschließlich Diskurse und deren Entwicklung nach 1945. Natürlich ist eine solche zeitliche Zäsur im Zusammenhang mit sprachlichen Phänomenen eine problematische Abgrenzung eines Themengebietes. Dietrich Busse rechtfertigt eine solch scharfe Abgrenzung durch folgende Einflussfaktoren, die eine Auswirkung auf das deutsche Sprachwesen hatten:

---

[10] Vgl Wengeler, Martin, 25 Jahre Sprachgeschichtsschreibung für die Zeit nach 1945, S. 11.
[11] Ebd., S. 9.

(1) Ein demokratisches Pressewesen konnte sich nach dem Ende des Dritten Reiches etablieren.

(2) Kommunikationshemmende Dialekte verschwinden teilweise durch die Vertreibung von 14 Millionen Deutschen und der zunehmenden Bevölkerungsmischung.

(3) Das amerikanische Englisch beeinflusst ab 1945 die deutsche Sprache.[12]

Der Linguist betont weiterhin, dass es ihm (und damit stellvertretend der gesamten „Düsseldorfer Schule") darum geht, bei der Bearbeitung begriffshistorischer Gegenstände Fundamente des heutigen Denkens, Redens und, Schreibens aufzuzeigen. Ein solcher Anspruch beinhaltet jedoch nicht nur eine relative Aktualität des Diskurses. Zusätzlich sollen damit jene Diskurse von der Betrachtung ausgeschlossen werden, welche nur von kurzer Dauer sind und auf einen längeren Zeitraum gesehen keine große Rolle für die Öffentlichkeit spielen.[13]

Die Auswahl der untersuchten Debatten erfolgt zumeist aufgrund dieser Kriterien:

(1) Der Diskurs findet in der Bundesrepublik Deutschland oder einem anderen deutschsprachigen Gebiet statt.

(2) Der Themenkomplex wird öffentlich kontrovers diskutiert.

(3) Dabei werden auch sprachliche Konzeptualisierungen erörtert.

(4) Die Diskurse sind als Beispiele für eine Sprache in der Demokratie zu verstehen, die somit von heterogenen Meinungs- und Machtinteressen durchzogen ist.[14]

Eine umfangreiche Übersicht, über jene Diskurse, die diese Kriterien erfüllten und von Mitgliedern der „Düsseldorfer Schule" untersucht wurden, finden sich in dem Buch Sprachgeschichte als Zeitgeschichte, in dem Martin Wengeler alle bisher veröffentlichten Diskursanalysen präsentiert.[15] Besonders große Aufmerksamkeit von Seiten der

---

[12] Vgl. Stötzel, Georg, Einleitung, S. 7.
[13] Vgl. Busse, Dietrich, Historische Diskursanalyse in der Sprachgermanistik - Versuch einer Zwischenbilanz, S. 14f.
[14] Vgl. Abteilung für germanistische Sprachwissenschaft: „Öffentliche Sprache nach 1945:Diskursanalyse, Begriffsgeschichte, Topologie".
http://www.phil-fak.uni-duesseldorf.de/germ1/schwerpunkte/sprachgebrauch/bereich1.html (04.05.2011)
[15] Vgl. Martin Wengeler: „Sprachgeschichte als Zeitgeschichte". Hildesheim/Zürich/New York 2005.

Düsseldorfer Schule erhielt der Migrationsdiskurs, welcher schließlich noch einmal im internationalen Vergleich betrachtet wurde. Doch auch Themen wie der Rüstungsdiskurs, AIDS oder die Rechtschreibreform fanden Beachtung.[16]

4. Arbeit mit Textkorpora

Das wichtigste Instrument zur Untersuchung eines Diskurses und dessen sprachlicher Umsetzung sind die Korpora zu diesem Thema. Zunächst müssen diese jedoch zusammengetragen werden. Ausgangspunkt hierfür ist ein sogenannter imaginärer Korpus, der alle Aussagen und Texte beinhaltet, die in jenem Diskurs veröffentlicht wurden. Natürlich ist es unmöglich, einen solchen zusammenzutragen und auszuwerten, wodurch eine Auswahl erfolgen muss.

Die Mitglieder der „Düsseldorfer Schule" schließen hierbei zunächst alle mündlichen Äußerungen aus und konzentrieren sich auf die Zusammenstellung eines Textkorpus. Auf das Sammeln von Aussagen wird verzichtet, da diese stets in eine spezifische Sprechsituation eingebettet sind, die eine Interpretation notwendig machen, die allerdings nachträglich nicht mehr nachvollzogen werden kann. In einem Textkorpus hingegen sind die benutzten Wörter in einen Textzusammenhang eingebettet, der jederzeit kontrolliert werden kann.[17]

Doch auch nach einer solchen Reduzierung der Datenmenge müssen weitere Sortierungen vorgenommen werden. Zentral ist dabei, dass es sich die „Düsseldorfer Schule" nicht zur Aussage macht, eine statistische Auswertung des Textmaterials vorzulegen, dass wiedergibt, welche Wörter am häufigsten benutzt wurden. Stattdessen soll es die wichtigsten Diskussionsrichtungen wiederspiegeln. Die Folgen beschreibt

---

[16] Vgl. Martin Wengeler, Sprachgeschichte als Zeitgeschichte, S. 10.
[17] Vgl. Matthias Jung: „Linguistische Diskursgeschichte". Opladen 1996. S. 462.

Dietrich Busse folgendermaßen: „Das Korpus selbst konstituiert [somit] das Untersuchungsobjekt und damit auch die erzielbaren Ergebnisse."[18] Zusammengetragen wird der Diskurstopos aus den unterschiedlichsten Quellen der alltäglichen Printmedien. Eine Konzentration auf die sogenannte „Höhenkammliteratur" soll dabei vermieden werden und so können durchaus auch Beiträge regionaler Tageszeitungen in den Korpus aufgenommen werden.[19] So erfolgt schließlich eine Zusammenstellung von chronologisch geordneten Texten, die mit ihren sprachlichen Phänomenen im Zentrum des linguistischen Forschungsinteresses stehen und auf deren Grundlage schließlich eine Interpretation erfolgt.[20]

5. Arbeitsmethoden

5.1 Schlüsselwörter

Nach der Zusammenstellung eines Textkorpus muss entschieden werden, in welcher Form die Inhalte präsentiert werden können. Da es ein Anspruch der „Düsseldorfer Schule" ist, auch Laien einen Zugang zur Sprachgeschichte bereitzustellen, müssen die Ergebnisse übersichtlich und nachvollziehbar dargestellt werden. Dabei stellt sich zunächst die Frage, ob die Gliederung thematisch oder chronologisch erfolgen soll. Sowohl in dem diskurshistorischen Wörterbuch „Ausländer und Migranten im Spiegel der Presse" von Matthias Jung,[21] als auch in dem „Wörterbuch der Vergangenheitsbewältigung" von Georg Stötzel und Thorsten Eitz [22] erfolgt die Gliederung zunächst thematisch. Einzelne Schlüsselwörter oder eine Gruppe semantisch verwandter Begriffe

---

[18] Dietrich Busse/Wolfgang Teubert: „Ist Diskurs ein sprachwissenschaftliches Objekt?". Opladen 1994. S. 4.
[19] Vgl. Busse, Dietrich, Historische Diskursanalyse in der Sprachgermanistik - Versuch einer Zwischenbilanz, S. 13.
[20] Vgl. Matthias Jung, Linguistische Diskursgeschichte, S. 463.
[21] Vgl. Matthias Jung/Thomas Niehr/Karin Böke: „Ausländer und Migranten im Spiegel der Presse". Wiesbaden 2000.
[22] Vgl. Thorsten Eitz/Georg Stötzel: „Wörterbuch der Vergangenheitsbewältigung". Darmstadt 2007.

werden in einzelnen Kapiteln zusammengefasst, wobei eine alphabetische Ordnung dieser nicht notwendigerweise eingehalten werden muss, da eine solche den inhaltlichen Zusammenhang zerstören kann.[23]

Die Entwicklung der Schlüsselwörter in den einzelnen Kapiteln erfolgt schließlich zumeist chronologisch. Dabei werden entscheidende Zitate (deren Auswahl durch die Einschätzung der Linguisten und nicht durch das statistische Vorkommen eines bestimmten Wortes erfolgt) im Laufe der Jahre wiedergegeben. Weiterhin werden historische Daten und Fakten, die auf die Sprachentwicklung Einfluss haben, genannt, wodurch ein Überblick über die Verbindung von Sprachgeschichte und Zeitgeschichte gegeben wird. Eine solche Analyse erfolgt möglichst objektiv und versucht die gegebenen Zitate für sich sprechen zu lassen, sodass eine Wertung oftmals nicht notwendig ist.[24]

Wie bereits erwähnt, untersucht die Düsseldorfer Forschungsgruppe auch metasprachliche Diskussionen, die sich mit der Verwendung „brisanter Wörter" im öffentlichen Sprachgebrauch beschäftigen. Hierbei kann neben der bloßen Nachzeichnung ein Vergleich zwischen Sprachgebrauchsgeschichte und Sprachgebrauchsbewusstsein erfolgen und untersucht werden, inwieweit „Sein" und „Bewusstsein" übereinstimmen. Genutzt werden hierfür Frequenzanalysen und korpusbasierte Abschätzungen, sowie Widersprüchlichkeiten in den metasprachlichen Diskursen, die Hinweise auf eine Abweichung zwischen Sprachgebrauch und Sprachbewusstsein geben. Zweifellos ist ein solches Verfahren äußerst aufwendig, sodass es bisher nur in exemplarischen Diskursen Anwendung fand.[25]

---

[23] Vgl. Jung, Matthias/Niehr, Thomas/Böke, Karin, Ausländer und Migranten im Spiegel der Presse, S. 14.
[24] Ebd., S. 10.
[25] Vgl. Jung, Matthias, Linguistische Diskursgeschichte, S. 469.

5.2 Metaphernanalyse

Die Orientierung an zentralen Begriffen hat bewusst erstmals Karin Böke aufgegeben und stattdessen die Metaphernanalyse in das Zentrum der diskursgeschichtlichen Forschung gerückt. Dies begründet sie mit dem stärkeren Zusammenhang zwischen der wörtlichen Erscheinung und soziokulturellen Veränderungen.[26] Grundlegend dafür ist „die Auffassung von Sprache als Medium der Reflexion, Strukturierung und Organisation sowie der Handlungsorientierung und damit auch der Konstituierung sozio-kultureller Wirklichkeit [..]"[27] Metaphern können im Gegensatz zu allein gestellten Wörtern Meinungen gegenüber Sachverhalten noch stärker veranschaulichen und sie plausibel erscheinen lassen. Weiterhin können Tabubrüche vermieden werden, indem heikle Themen umschrieben werden, um umstrittene Standpunkte der Gesellschaft präsentieren zu können.[28] Beispielhaft soll hier die Metapher *„Das Boot ist voll"* genannt werden, die im Migrationsdiskurs vielfach genutzt wurde, um zu verdeutlichen, dass Deutschland keine weiteren Zuwanderer mehr aufnehmen kann.[29]

Die diskursgeschichtliche Metaphernanalyse ordnet die in einem Diskurs verwendeten Wortgleichnisse abhängig von metaphorierenden und metaphorisierten Teil, dem Metaphernkonzept, dem Gebräuchlichkeitsgrad und anderen Eigenschaften in verschiedene Kategorien ein.[30] Dies erlaubt es schließlich, Aussagen über die Dominanz von Metaphern, einer Metapherngeschichte, dem Zusammenhang von Metaphern und Schlüsselwörtern und anderen Aspekten der Verwendung von Metaphern zu treffen.[31]

---

[26] Vgl. Jung, Matthias, Linguistische Diskursgeschichte, S. 442.
[27] Ebd., S. 439.
[28] Ebd., 442f.
[29] Vgl.: Annette Krieger: „Ein Haus mit offenen Fenstern und Türen". Hildesheim/Zürich/New York 2005. S. 427.
[30] Vgl. Jung, Matthias, Linguistische Diskursgeschichte, S. 444f.
[31] Ebd., S. 449.

5.3 International vergleichende Diskurs- und Argumentationsanalyse

Thomas Niehr publizierte in Martin Wengelers Sammelband „Sprachgeschichte als Zeitgeschichte" erstmals einen Ansatz zu einem internationalen Vergleich nach der Grundlage der „Düsseldorfer Schule". Als Grundlage hierfür nutzte er die Gastarbeiter- und Asyldiskurse, die relativ zeitgleich in Deutschland, der Schweiz und Österreich die Gesellschaft prägten.

Zunächst wurden hierfür vergleichbare Zeitschriften ausgewählt, die als Textkorpus eine Arbeitsgrundlage darstellen sollten. Berücksichtigt wurden dabei regionale und überregionale, sowie täglich und wöchentlich erscheinende Zeitungen.

Anschließend wurden die vorkommenden Argumentationen aufgelistet und analysiert. Dazu müssen zunächst die publizierten Formulierungen generalisiert und schließlich zu „Oberthemen" zusammengefasst werden. Das quantitative Vorkommen dieser Argumente wird anschließend in den vorliegenden Textkorpora ausgezählt. Weiterhin kann überprüft werden, welche Argumente in welchem Diskurszusammenhang eingebracht werden, wie der Diskurs verläuft und somit, in welcher Reihenfolge diese Argumente angegeben werden.[32]

Komplikationen ergeben sich hierbei in zweierlei Hinsicht. Zunächst können die generalisierten Argumente oftmals nicht einer Pro- oder einer Contra-Seite zugeordnet werden, da ihr Argumentationsgang zu komplex ist. Weiterhin werden bestimmte (Gegen-)Argumente nur auf Grundlage eines vorhergehenden Argumentes eingebracht. Eigenständig können diese in einem Diskurs jedoch nicht stehen.[33]

---

[32] Diese Arbeit entspricht der „einfachen" Argumentationsanalyse, die sich mit einem landesinternen Diskurs beschäftigt, weshalb in diesem Kapitel auf eine ausführliche Erläuterung dieser Forschungsmethode verzichtet wird.
[33] Vgl. Thomas Niehr: „International vergleichende Diskurs- und Argumentationsanalyse". Hildesheim/Zürich/New York 2005. S. 439ff.

Teil B
Eine Begriffsgeschichte am Beispiel des Wortes „Hartz-IV"

1. Die Entstehung des Begriffes *Hartz-IV*

Unter der Regierung von Bundeskanzler Gerhard Schröder wurde eine Kommission für „Moderne Dienstleistungen am Arbeitsmarkt" unter der Leitung von Peter Hartz eingesetzt, um eine Verbesserung auf dem Arbeitsmarkt und in der Arbeitsvermittlung zu erzielen. Ab dem Jahr 2002 wurden dabei vier neue Gesetze erarbeitet, die schrittweise Eingang in das Bürgerliche Gesetzbuch fanden:

(1) Erstes Gesetz für moderne Dienstleistungen am Arbeitsmarkt (ab 01.01.2003)
Zweites Gesetz für moderne Dienstleistungen am Arbeitsmarkt (ab 01.01.2003)
Diese Gesetze sehen unter anderem die Einrichtung von Personal-Service Agenturen vor, eine Aufwertung der Leiharbeit und die Förderung geringfügig Beschäftigter.

(2) Drittes Gesetz für moderne Dienstleistungen am Arbeitsmarkt (ab 01.01.2004)
Aus der Arbeitsverwaltung wird die sogenannte Bundesagentur für Arbeit.

(3) Viertes Gesetz für moderne Dienstleistungen am Arbeitsmarkt (ab 01.01.2005)
Die vorher existierende Arbeitslosenhilfe wird mit der Sozialhilfe zusammengelegt und zum neuen Arbeitslosengeld II zusammengelegt.[34]

Die recht langen Namen der Gesetze wurden schon während der Arbeit an den Reformen durch den Begriff Hartz ersetzt. So berichtet der Spiegel bereits im November 2002 über die *Hartz-Reform*, das *Hartz-Konzept* und die *Hartz-Kommission*.[35]
Der Name geht auf den leitenden Verantwortlichen der Kommission Peter Hartz (Personalvorstand und Mitglied des Vorstands der Volkswagen AG) zurück.[36] Das bestimmten komplexen Bezeichnungen neue Namen entsprechend ihres

---

[34] Vgl. Bundeszentrale für politische Bildung: „Hartz-Gesetze".
http://www.bpb.de/popup/popup_lemmata.html?guid=LRU1FS (04.05.2011).
[35] Konstantin Hammerstein/Horand Knaup/Roland Nelles: „*Vorwärts und vergessen*". Hamburg 2002.
[36] Süddeutsche.de-Redaktion: „*Peter Hartz gibt Bundesverdienstkreuz zurück*".
http://www.sueddeutsche.de/politik/bundesverdienstkreuz-peter-hartz-gibt-bundesverdienstkreuz-zurueck-1.232706 (04.04.2011).

Verantwortlichen gegeben werden, ist besonders im Rahmen der Agenda 2010, ein Reformprogramm, unter dessen Vorgaben auch die Hartz-IV-Gesetze entstanden, durchaus üblich gewesen. So wurden Begriffe wie die *Riester-Rente, die Herzog-Kommission* und natürlich die *Hartz-IV-Reform* durch die Medien verbreitet. Dadurch konnten sie einen hohen Bekanntheitsgrad erlangen, obwohl sie noch keine kodifizierten Rechtswörter sind.[37] So wird auch im zweiten Buch des Sozialgesetzbuches, ausschließlich vom *Arbeitslosengeld II* gesprochen.[38] Empfänger dieser finanziellen Unterstützung werden als *Bezieher von Arbeitslosengeld II* [39] bezeichnet.

2. Etablierung des Begriffes in der Gesellschaft

In diesem Kapitel soll anhand von zwei Phänomenen verdeutlicht werden, inwieweit sich der Begriff *Hartz-IV* im Sinne des Empfangens des Arbeitslosengeldes II bereits etabliert hat. Ein Wiederabdruck von Zeitungsartikeln, der verdeutlichen soll, wie sich die Verwendung des Wortes im Sprachgebrauch verändert hat, würde den Rahmen dieser Arbeit sprengen. Darum soll an dieser Stelle lediglich zum einen das Erscheinen der zahlreichen Komposita beleuchtet werden und zum anderen die Popularität des Begriffes verdeutlicht werden, indem auf die sprachlichen Jahresrückblicke „Wort des Jahres" und „Jugendwort des Jahres" eingegangen wird.

Zuvor soll noch erwähnt werden, dass der Begriff *Hartz-IV* seit dem Jahr 2004 in der 24. Auflage im Duden zu finden ist [40] und demnach „in einer gewissen Häufung und einer bestimmten Streuung über die Texte hinweg"[41] im deutschen Sprachgebrauch vorkommt.

---

[37] Vgl. Rosemarie Gläser: „*Eigennamen in der Arbeitswelt*". Leipzig 2005. Seite 92.
[38] Vgl. Bundesanzeiger-Verlag: „*Viertes Gesetz für moderne Dienstleistungen am Arbeitsmarkt*". Bonn 2003. S. 2960.
[39] Ebd., S. 2963.
[40] Nach einer Angabe der Sprachberatung der Duden-Redaktion
[41] Vgl. Duden-Redaktion: „*Wie kommt ein Wort in den Duden?*".
http://www.duden.de/deutsche_sprache/sprachwissen/wort_in_den_duden.php (04.05.2011).

2.1 Hartz-IV Komposita

2.1.1 Geschichte der Hartz-IV-Komposita

Die Verbindung zweier Wörter zu einem Begriff ist besonders im Zusammenhang mit dem Wort *Hartz-IV* weit verbreitet. Eine solche Wortneuschöpfung erlaubt es dem Redner spezifische Inhalte zu vermitteln und sein Ziel der möglichst genauen Wiedergabe seiner Gedanken möglichst schnell zu erreichen. Die Verwendung der Komposita ist also eine Frage der Sprachökonomie.

Solche Komposita wurden von der Presse bereits zum Beginn des Diskurses um die Reform des Arbeitslosengeldes im Jahr 2002 eingeführt. Dabei waren Komposita wie *Hartz-Gesetze* [42] oder *Hartz-Plan* [43] noch wertfrei und bezeichneten objektiv einen Themengegenstand.

Nachdem ab dem 01.01.2005 die finanzielle Unterstützung von Nicht-Erwerbstätigen in Form des Arbeitslosengeldes II anlief, häuften sich die Kritiken zu der Reform und es kam zu einem breit angelegten Diskurs in der Öffentlichkeit. Zu geringe Regelsätze für die Betroffenen, zu große Belastungen für den Bundeshaushalt und zu aggressive Eingriffe des Staates in die Privatsphäre der Bevölkerung, wenn es etwa um die Berechnung des individuellen Regelsatzes ging, führten zu zahlreichen Protesten. Natürlich beeinflussten die Medien dieses öffentliche Streitthema mit ihren Berichterstattungen. Zum ersten Mal kritisiert der Spiegel im Oktober das *Hartz-Debakel* (auch: *Hartz-Desaster*) und das *kaum überschaubare Geflecht der Hartz-IV-Töpfe* unter der Überschrift „Das Spiel mit den Armen - Wie der Sozialstaat zur Selbstbedienung einlädt.[44]

---

[42] Vgl. Spiegel-Online-Redaktion: „Hartz Gesetze".
http://www.spiegel.de/politik/deutschland/0,1518,269578,00.html (04.05.2011).
[43] Vgl. Spiegel-Online-Redaktion: „Entkerntes Reformhaus".
http://www.spiegel.de/wirtschaft/0,1518,270201,00.html (04.05.2011).
[44] Vgl. Matthias Bartsch/Michael Fröhlingsdorf/Alexander Naubacher: *„Alltägliche Selbstbedienung"*. Hamburg 2005. S. 26f.

Aufgrund der konstant anhaltenden Diskussion um Probleme mit dem Arbeitslosengeld II (z.B. die Hartz-IV-Reform im Jahr 2011 mit der Neuberechnung der Regelsätze, der Missbrauch von dem Arbeitslosengeld II durch nicht berechtigte Empfänger und dem Diskurs um Kinderarmut in Deutschland) findet die Thematik seit Jahren große öffentliche Aufmerksamkeit.

Da sich dieser Diskurs zumeist durch ein breites Spektrum an unterschiedlichen Meinungen auszeichnete, entstanden zahlreiche Komposita, die die Sachverhalte deutlich machten und gleichzeitig mitunter einen gewissen Standpunkt vertraten. In den folgenden Kapiteln werden zunächst neutrale Begriffe und schließlich auch negativ konnotierte Bezeichnungen vorgestellt, die in der vorliegenden Arbeit eine repräsentative Funktion im Bereich der Verknüpfungen mit dem Wort *Hartz-IV* erfüllen sollen.

2.1.2 Neutrale Komposita

Bei der Recherche nach den häufigsten Wortverknüpfungen mit *Hartz-IV* (die jedoch nicht im Sinne der ursprünglichen „Düsseldorfer Schule" ist), findet man auf der Grundlage des „Wortschatz-Programmes" der Universität Leipzig folgende Häufigkeiten:

(1) *Hartz-IV-Reform*
(2) *Hartz-IV-Empfänger*
(3) *Hartz-IV-Recht* [45]

All diese Begriffe legen keine Wertung der Thematik offen. Aufgrund der Häufigkeitsverteilung ist zusätzlich davon auszugehen, dass diese Wörter auch die größte Wichtigkeit im Zusammenhang mit dem Arbeitslosengeld II besitzen. Jedoch findet sich im Duden lediglich *Hartz-IV-Empfänger* als Komposita wieder. Weiterhin ist dort nur noch

---

[45] Vgl. Deutscher Wortschatz: „Resultate zu Hartz-IV-". http://wortschatz.uni-leipzig.de/abfrage/ (04.05.20011).

der Begriff *Hartzkommission* verzeichnet, der im Jahr 2004 in der 23. Auflage sogar vor dem Begriff *Hartz-IV* in dem Wörterbuch der deutschen Sprache aufgenommen wurde.[46]

2.1.3 Komposita mit negativer Bedeutung des Begriffes

Mittlerweile finden sich zahlreiche Komposita in den öffentlichen Medien wieder, die einen Sachverhalt mit dem Begriff *Hartz-IV* verbinden und damit auf bestimmte Gegenstände referieren und diese reflektieren. Erfolgt eine solche Reflexion, ist die implizierte Meinung zu dieser Thematik ausschließlich negativ, wie die nun aufgeführten Beispiele verdeutlichen sollen:

(1) *Der Hartz-Horror* - In der Bundesagentur für Arbeit bahnt sich das größte Finanzdebakel seit der deutschen Einheit an. Die von einer Allparteien-Koalition verabschiedete Hartz-Reform führt zu Mehrkosten, die den Bildungsetat deutlich übersteigen. Neue Arbeitsplätze sind nicht entstanden - außer in der Bürokratie.

23.05.2005, Der Spiegel [47]

(2) *Hartz-IV-Schande* - Arbeitsverweigerung, Verschwendung, Schlamperei - Noch nie mussten so viele Stütze-Empfänger bestraft werden.

18.04.2011, Bild-Zeitung [48]

(3) Alleinerziehende in der *Hartz-IV-Falle* - Die Politik hofiert die Alleinerziehenden und verspricht ihnen Hilfe - doch die wirklichen Probleme packt sie nicht an. Denn das Fehlen eines Elternteils ist das größte Armutsrisiko in Deutschland. 42 Prozent der Alleinerziehenden leben von staatlicher Fürsorge. Anreize für Berufstätigkeit fehlen in vielen Fällen

24.04.2010, Welt Online [49]

---

[46] Nach einer Angabe der Sprachberatung der Duden-Redaktion
[47] Vgl. Sven Afhüppe/Marion Kraske/Michael Sauga/u.a.: „*Der Hartz-Horror*". Hamburg 2005. S. 24.
[48] Vgl. Bild-Online-Redaktion: „*Hartz-IV-Schande*". http://www.bild.de/politik/inland/hartz-4/die-haeufigsten-hartz-iv-strafen-17488766.bild.html (04.05.2011).

Anhand der exemplarisch ausgewählten Nachrichtenköpfe wird deutlich, dass die Hartz-IV-Komposita mit einer negativen Konnotation schon eine etablierte Position in den öffentlichen Medien eingenommen haben. Scheinbar werden sie besonders häufig als „Eye-Catcher" an den Anfang einer Überschrift gestellt, um den Adressaten zu schockieren und ihn so zum weiterlesen zu animieren. Dabei lassen sich kaum noch Unterschiede zwischen höher und niedriger angesehenen Printmedien feststellen, wie die oben aufgeführten Beispiele aus der „Bild-Zeitung" und dem „Spiegel" verdeutlichen.

Die negativen Konnotationen gehen dabei in 2 verschiedene Richtungen. Zum Einen wird die Reform an sich kritisiert: Das *Hartz-IV-Debakel*[50] bzw. der *Hartz-Horror* ergeben sich aus den politischen Fehlentscheidungen. Zum anderen wird ein negatives Bild von Hartz-IV-Empfängern geprägt: „Sie weigern sich Jobs anzunehmen, gehen einfach nicht zu Terminen bei der Arbeitsberatung oder verprassen ihr Erspartes, um mehr Hartz-IV zu bekommen"[51], wodurch sie zur *Hartz-IV-Schande* werden.

Andere Komposita wie etwa das *Hartz-IV-Fernsehen* (auch Unterschichten-Fernsehen)[52] unterstützen solche Behauptungen über die Empfänger des Arbeitslosengeldes II. Gemeint ist mit dieser Wortverknüpfung das Vormittags- und Nachmittagsprogramm der privaten Sender, wie etwa RTL, das sich oftmals durch eine unvorteilhafte Portraitierung niedriger sozialer Schichten auszeichnet. Die Protagonisten (welche häufig selber Hartz-IV-Empfänger sind) verwenden eine derbe Sprache und zeichnen sich nicht durch besondere Fähigkeiten oder positive Eigenschaften aus. Der Begriff bewertet also sowohl die dargestellten Personen, als auch die Zuschauer eines solchen TV-Programmes.

Von einer Etablierung dieses Begriffes kann ausgegangen werden, wenngleich die Printmedien noch keine quantitativen Belege liefern. Die breite Bevölkerung kennt jedoch

---

[49] Vgl. Welt-Online-Redaktion: „*Alleinerziehende in der Hartz-IV-Falle*".
http://www.welt.de/politik/deutschland/article7307340/Alleinerziehende-in-der-Hartz-IV-Falle.html (04.05.2011).
[50] Vgl. Matthias Bartsch/Michael Fröhlingsdorf/Alexander Naubacher, Alltägliche Selbstbedienung, 2005, S. 30.
[51] Vgl. Bild-Online-Redaktion, Hartz-IV-Schande, (04.05.2011).
[52] Gert Flegelskamp: „*Hartz-IV-Fernsehen*". http://www.flegel-g.de/hartz-iv-fernsehen.html (04.05.2011).

die Bedeutung dieses Kompositums und verwendet es mitunter auch im alltäglichen Sprachgebrauch.

Zusammenfassend muss jedoch gesagt werden, dass solch negativ konnotierten Wortverbindungen zumeist Neuschöpfungen sind, die verwendet werden, um auf einen neuen Aspekt von Hartz-IV aufmerksam zu machen. Ein Großteil der Komposita (als Ausnahmen können lediglich *Hartz-IV-Falle* und *Hartz-IV-Fernsehen* betrachtet werden) konnte sich nicht über die Jahre hinweg durchsetzen und einen Weg in den Sprachalltag der Gesellschaft finden. Grund hierfür kann der hohe Grad an Spezifizität der Wörter sein, die für das alltägliche Leben der Menschen keine Bedeutung haben. Weiterhin ist es relativ einfach, neue Komposita zu bilden, die direkt an die persönliche Intention einer Aussage angepasst sind. So ist es nicht notwendig, sich das große Repertoire an Wortverbindungen mit *Hartz-IV* einzuprägen.

2.2 Hartz-IV als Wort des Jahres

Seit dem Jahr 1978 publizierte die „Gesellschaft für deutsche Sprache" regelmäßig Retrospektiven, die sich mit einen wichtigen Begriff auseinandersetzten, die das öffentliche Leben in der deutschen Gesellschaft im Vorjahr stark geprägt haben. Auf der Grundlage dieser Aufsätze, die anfänglich von Broder Carstensen veröffentlicht wurden, entstand schließlich die Idee eines „Wort des Jahres".

Die „Gesellschaft für deutsche Sprache" (kurz GfdS) versteht sich als ein „Verein zur Pflege und Erforschung der deutschen Gegenwartssprache" und beschreibt somit auf Grundlage wissenschaftlich fundierter Informationen sprachliche Themen. Weitere Aufgaben der GfdS liegen in der Sprachberatung für Bürger und Institutionen (Firmen, Verbänden etc.) und der Veröffentlichung zahlreicher Publikationen zur deutschen Sprache.[53]

---

[53] Vgl. Gesellschaft für deutsche Sprache: *„Von ‚aufmüpfig' bis ‚Teuro'"*. Mannheim 2003. S. 9.

Mit der Ernennung eines Wortes des Jahres möchte der Verein somit die dynamischen Veränderungen in der Sprache reflektieren und die Auswirkung kultureller und gesellschaftlicher Wahrnehmungsrealitäten auf diese darstellen. Wortneubildungen, häufige Verwendung oder die Erlangung einer besonderen Bedeutung durch aktuelle Vorkommnisse deuten auf diese Prozesse hin.[54]

So wurde 2004 der Begriff *Hartz-IV* von der „Gesellschaft für deutsche Sprache" zum Wort des Jahres gekürt, da mit diesem Aspekt der Agenda 2010 „der Sozialnerv getroffen"[55] und „die Gemüter erregt"[56] wurden. So sei *Hartz-IV* der Inbegriff von Existenzangst und Langzeitarbeitslosigkeit. In diesen reflexiven Betrachtungen spiegelt sich die Ablehnung der vom Staat beschlossenen Reform wider, wodurch implizit Partei für die Betroffenen ergriffen wird. In den Ausführungen der GfdS wird so von *Hartz-IV-Geschädigten* und deren „Ausgeschlossensein"[57] gesprochen.

5 Jahre später kürte die Langenscheidt-Redaktion, ausgehend von der Befragung Jugendlicher, das Wort *hartzen* zum Jugendwort des Jahres 2009. „Der Begriff bedeutet ‚arbeitslos sein' oder salopp ausgedrückt auch ‚rumhängen'."[58]

Die Frage nach der Vergleichbarkeit zwischen dem „Wort des Jahres" der „Gesellschaft für deutsche Sprache" und dem „Jugendwort des Jahres" von der Langenscheidt-Redaktion kann sicherlich gestellt werden. So kann nicht bewiesen werden, wie häufig erwachsene Menschen diesen Jugend-Begriff benutzen und in ihren alltäglichen Sprachgebrauch aufgenommen haben. Außerdem spielt die quantitative Verbreitung des Wortes bei der Titel-Vergabe nur eine untergeordnete Rolle. Vielmehr geht es um sprachliche Kreativität und Originalität.

Vergleicht man trotz dieser unterschiedlichen Auffassung von „Wörtern des Jahres" die Begriffe *Hartz-IV* und *hartzen,* wird die zunehmende negative Konnotation bezüglich der Betroffenen deutlich. Was für die Langenscheidt-Redaktion eine Kritikausübung der

---

[54] Vgl. Gesellschaft für deutsche Sprache, Von ‚aufmüpfig' bis ‚Teuro', S. 12.
[55] Vgl. Lutz Kuntzsch: „*Wörter des Jahres 2004*". Wiesbaden 2005. S. 3.
[56] Ebd., S. 4.
[57] Ebd., S. 3.
[58] Langenscheidt-Verlag: „*Das Jugendwort des Jahres 2009: ‚harzen'*".
http://www.jugendwort.de/pr_meldung_07.cfm (04.05.2011).

Jugendlichen an den gesellschaftlichen Verhältnissen gedeutet wird, kann durchaus auch als Zeichen des niedrigen Ansehens von Hartz-IV-Empfängern gesehen werden. So wird schließlich nicht ausschließlich der Umstand der Arbeitslosigkeit beschrieben, sondern auch, wie diese „Freizeit" genutzt wird. Anstatt sich neue Perspektiven zu suchen, sein persönliches Potential zu erforschen und zu nutzen und seine Fähigkeiten zu trainieren, ziehen es Hartz-IV-Betroffene nach Meinung der Jugendlichen vor, „rumzuhängen" und „nichts zu tun".

Allgemein kann festgehalten werden, dass die Kritik an Hartz-IV seinen Adressaten geändert hat. Wurde am Anfang die Reform an sich und deren Verantwortliche beurteilt, reflektiert der Hartz-IV-Begriff nun die Meinung über die Betroffenen und deren Lebenssituation. Natürlich kann hier keine klare Abgrenzung gezogen werden, da die Lage der Hartz-IV-Empfänger stark von der politischen Entscheidungskraft abhängig ist.

3. Hartz-IV-Umbenennung

Am 25.02.2011 wurde dem Gesetzespaket für neue Hartz IV Regelsätze und dem Bildungspaket für bedürftige Kinder vom Bundesrat und Bundestag zugestimmt. Hiermit bekamen Hartz-IV-Empfänger rückwirkend zum 1. Januar einen um 5 Euro erhöhten Regelsatz.[59] Weiterhin wurde ein Förderprogramm für etwa 2,5 Millionen Kinder konzipiert, die mit dieser Unterstützung ein warmes Mittagessen in der Schule, Zuschüsse für Wandertage oder Mitgliedschaften in Sportvereinen erhalten können.[60] Dieser Einigung gingen monatelange Diskussionen sowohl im Bundestag als auch in der Öffentlichkeit voraus. Diskutiert wurden im Zuge der Gesetzesänderung auch die Lebensbedingungen der Hartz-IV-Empfänger und deren Rolle in der Gesellschaft. Die

---

[59] Vgl. Spiegel-Online-Redaktion: „Höhere Regelsätze".
http://www.spiegel.de/politik/deutschland/0,1518,747732,00.html (04.05.2011).
[60] Vgl. Bundesministerium für Arbeit und Soziales: „Neue Zukunftschancen für 2,5 Millionen Kinder und Jugendliche". http://www.bildungspaket.bmas.de/ (04.05.2011).

Arbeitsministerin Ursula von der Leyen brachte hierbei zum ersten Mal metasprachliche Ansätze in den Diskurs um das Arbeitslosengeld II. Der Begriff *Hartz-IV* sei ihrer Meinung nach im Volk negativ besetzt und lasse so keine objektive Diskussion über den Gegenstand zu. So sei es „ein absolut wünschenswertes Ziel, dass auf die Dauer das Wort Hartz IV verschwindet."[61]

Bei der Neuformulierung der Hartz-IV-Gesetze versuchten neun Sprachwissenschaftler der „Gesellschaft für deutsche Sprache" einen neuen Begriff für das Arbeitslosengeld II festzulegen und im Gesetzestext zu verankern. Diskutiert wurden hierbei *Aufbesserungsgeld, Chancenfördergeld* und *Basisgeld*, wobei Ursula von der Leyen den letztgenannten Namen schließlich in ihren Sprachgebrauch aufnahm und so schließlich der Öffentlichkeit präsentierte.[62]

Bei der Betrachtung dieser Wörter fallen die positiv besetzten Subjektive am Anfang der Komposita auf.

Aufbesserung bedeutet eine Steigerung der Qualität und verweist so implizit auf eine vorher existierende schlechtere Ausgangslage.

Chance ist ebenfalls ein rein positives Wort, da es keine schlechten Chancen gibt. Sie sind also auch eine Möglichkeit zur Verbesserung. Werden diese Chancen zusätzlich noch gefördert (von wem bleibt an dieser Stelle unklar), scheint es ein schaffbares Vorhaben zu sein, seine Lebenssituation zu verbessern.

Eine *Basis* ist eine wichtige Grundlage, die vorhanden sein muss, um weiter darauf aufbauen zu können. Weiterhin beinhaltet der Begriff jedoch auch, dass es sich keineswegs um einen vollkommenen oder vollendeten Gegenstand handelt. So wäre der Hatz-IV-Beitragssatz auch kein Betrag, der alle Bedürfnisse befriedigen kann, aber zum Leben durchaus ausreichend ist.

Ursula von der Leyen benutzte schließlich den Begriff des *Basisgeldes* und vermied die Bezeichnung *Hartz-IV*, um die Öffentlichkeit auf den neuen Sprachgebrauch aufmerksam

---

[61] Welt-Online-Redaktion: „*Von der Leyen will Hartz-IV-Begriff abschaffen*".
http://www.welt.de/politik/deutschland/article6046962/Von-der-Leyen-will-Hartz-IV-Begriff-abschaffen.html (04.05.2011).
[62] Zeit-Online-Redaktion: „*Frau Thieme scheitert an Hartz-IV*".
http://www.zeit.de/politik/deutschland/2010-10/gesetze-sprache-hartz-iv (04.05.2011).

zu machen, konnte dem Begriff jedoch keinen Zugang zum Sozialgesetzbuch verschaffen. Die Gründe hierfür wurden von der Politik und der „Gesellschaft für deutsche Sprache" nicht mit der Öffentlichkeit diskutiert, wobei es jedoch zahlreiche Andeutungen gab, dass die Bundeskanzlerin Merkel diesem Vorschlag ablehnte, da sie kein Vertrauen in eine Etablierung des Begriffes in der Öffentlichkeit hatte.[63]

Diese Zweifel teilt auch der Sprachwissenschaftler Horst Dieter Schlosser: „Es ist äußerst schwierig, gegen eingebürgerte Sprachgewohnheiten anzugehen."[64] So hat sich dieser Begriff etabliert, da er im Gegensatz zu der ursprünglichen Bezeichnung „*Viertes Gesetz für moderne Dienstleistungen am Arbeitsmarkt*" ökonomischer ist und mittlerweile zahlreiche Implikationen beinhaltet, die eine explizite Wertung des Sachverhaltes überflüssig machen.[65] Auch die Gesellschaft für deutsche Sprache steht der Frage der Umbenennung mittlerweile kritisch gegenüber. Als Grund gibt sie neben der bereits erwähnten festen Verankerung im öffentlichen Sprachgebrauch, die Existenz der zahlreichen Komposita an, die ein Gespräch um das Arbeitslosengeld II wesentlich vereinfachen.[66]

---

[63] Vgl. Süddeutsche.de-Redaktion: „*Hartz-IV-Umbenennung gestoppt*". http://www.sueddeutsche.de/wirtschaft/hartz-iv-umbenennung-kein-basisgeld-fuer-arbeitslose-1.1001227 (04.05.2011).
[64] Vgl. Sozialleistungen.info-Redaktion: „*Sprachwissenschaftler: Der Begriff Hartz-IV lässt sich nicht mehr verdrängen*". http://www.sozialleistungen.info/news/26.12.2009-sprachwissenschaftler-der-begriff-hartz-iv-laesst-sich-nicht-mehr-verdraengen/ (04.05.2011).
[65] Vgl. Gegen-Hartz.de-Redaktion: „*Ist Hartz IV ein Unwort des Jahres?*". http://www.gegen-hartz.de/nachrichtenueberhartziv/ist-hartz-iv-ein-unwort-des-jahres98766.php (04.05.2011).
[66] Vgl. Gesellschaft für deutsche Sprache: „*Fragen und Antworten*". http://www.gfds.de/sprachberatung/fragen-und-antworten/uebersichtsseite/umbenennung-von-hartz-iv/ (04.05.2011).

Fazit

Durch die diskurshistorische Untersuchung des Begriffes *Hartz-IV* wurde dessen Bedeutungswandel deutlich. Galt die Kritik zu Beginn ausschließlich der Reform und ihren Initiatoren in den politischen Führungsebenen, so ist die negative Konnotation mittlerweile auch auf die Empfänger des Arbeitslosengeldes II zurückzuführen. Eine klare Trennung zwischen diesen beiden Seiten kann natürlich dennoch nicht vorgenommen werden. So bedingen die Entscheidungen der Bundesregierung die Lebenswelt der Hartz-IV-Empfänger.

Auffällig in diesem Diskurs ist jedoch die enorme Wichtigkeit der metasprachlichen Ebene. Hartz-IV, das ursprünglich als *Viertes Gesetz für moderne Dienstleistungen* bezeichnet wurde, ist nun der Inbegriff für niedrige soziale Schichten, mangelnde Lebensqualität und sogar für Faulheit geworden. Diese negative Konnotation führt nun so weit, dass Bestrebungen zu einer Umbenennung erfolgten, die jedoch bislang keinen Erfolg aufweisen konnten.

Denn noch immer kann der Begriff *Hartz IV* eine enorme Präsenz in den Medien vorweisen, da er sich offensichtlich hervorragen eignet, um eine Spannung und ein Interesse beim Leser zu erzeugen.

Dies liegt, wie bereits erwähnt an seiner impliziten Bedeutung. Das Wort ist äußerst sprachökonomisch, da es trotz seiner Kürze viel Inhalt vermitteln kann. Weiterhin eignet es sich, um damit sprachliche Figuren wie Alliterationen (Hartz-Horror), Komposita (Hartz-IV-Schande) und Wortwitze (Das Leben ist hartz) zu verwirklichen.

All diese Gründe sprechen für eine weitere Etablierung des Begriffes, was durch die ständig neu auftauchenden Diskurse weiter verstärkt wird.

Literaturverzeichnis

Teil A

Böke, Karin/Jung, Matthias/Niehr, Thomas: Ausländer und Migranten im Spiegel der Presse. Ein diskurshistorisches Wörterbuch zur Einwanderung seit 1945. Wiesbaden 2000.

Böke, Karin/Jung, Matthias/Wengeler, Martin: Öffentlicher Sprachgebrauch. Praktische, theoretische und historische Perspektiven. Opladen 1996.

Busse, Dietrich/Teubert, Wolfgang: Ist Diskurs ein sprachwissenschaftliches Objekt?. Zur Methodenfrage der historischen Semantik. In: Busse, Dietrich/Hermanns, Fritz/Teubert, Wolfgang (Hrsg.): Begriffsgeschichte und Diskursgeschichte. Methodenfragen und Forschungsergebnisse der historische Semantik. Opladen 1994. S. 10 - 28.

Busse, Dietrich: Historische Diskursanalyse in der Sprachgermanistik - Versuch einer Zwischenbilanz und Ortsbestimmung. In: Forschungszentrum Deutscher Sprachatlas (Hrsg.): Sprachgeschichte nach 1945. (=Germanistische Linguistik. Band 169-170). Hildesheim/Zürich/New York 2003. S. 8 - 19.

Jung, Matthias/Niehr, Thomas/Böke, Karin: Ausländer und Migranten im Spiegel der Presse. Ein diskurshistorisches Wörterbuch zur Einwanderung seit 1945. Wiesbaden 2000.

Jung, Matthias: Linguistische Diskursgeschichte. In: Böke, Karin/Jung, Matthias/Wengeler, Martin (Hrsg.): Öffentlicher Sprachgebrauch. Praktische, theoretische und historische Perspektiven. Georg Stötzel zum 60. Geburtstag gewidmet. Opladen 1996. S. 453-472.

Krieger, Annette: Ein Haus mit offenen Fenstern und Türen. Metaphern im Einwanderungsdiskurs von 1998 bis 2001. In: Wengeler, Martin (Hrsg.): Sprachgeschichte als Zeitgeschichte. (= Germanistische Linguistik. Band 180-181). Hildesheim/Zürich/New York 2005. S. 410-436.

Niehr, Thomas: International vergleichende Diskurs- und Argumentationsanalyse. Methodische Überlegungen und erste Ergebnisse. In: Wengeler, Martin (Hrsg.): Sprachgeschichte als Zeitgeschichte. (= Germanistische Linguistik. Band 180-181) Hildesheim/Zürich/New York 2005. S. 437-468.

Stötzel, Georg: Einleitung. In: Stötzel, Georg/Wengeler, Martin (Hrsg.): Kontroverse Begriffe. Geschichte des öffentlichen Sprachgebrauchs in der Bundesrepublik Deutschland. Berlin 1995. S. 1-18.

Stötzel, Georg/Wengeler, Martin (Hrsg.): Kontroverse Begriffe. Geschichte des öffentlichen Sprachgebrauchs in der Bundesrepublik Deutschland. Berlin 1995.

Wengeler, Martin: 25 Jahre Düsseldorfer Sprachgeschichtsschreibung für die Zeit nach 1945. Bilanz und Perspektiven. In: Wengeler, Martin (Hrsg.): Sprachgeschichte als Zeitgeschichte. (= Germanistische Linguistik. Band 180-181) Hildesheim/Zürich/New York 2005. S. 1-18.

Teil B

Abteilung für germanistische Sprachwissenschaft: „Öffentliche Sprache nach 1945: Diskursanalyse, Begriffsgeschichte, Topologie". http://www.phil-fak.uni-duesseldorf.de/germ1/schwerpunkte/sprachgebrauch/bereich1.html (04.05.2011).

Afhüppe, Sven/Kraske, Marion/Sauga, Michael/u.a.: Der Hartz-Horror.
In: Der Spiegel 21 (2005). S. 24-40.

Bartsch, Matthias/Fröhlingsdorf, Michael/Naubacher, Alexander: Alltägliche Selbstbedienung. In: Der Spiegel 43 (2005). S. 24-37.

Bild-Online-Redaktion: Hartz-IV-Schande!. Arbeitsverweigerung - Verschwendung - Schlamperei. Noch nie mussten so viele Stütze-Empfänger bestraft werden. http://www.bild.de/politik/inland/hartz-4/die-haeufigsten-hartz-iv-strafen-17488766.bild.html (04.05.2011).

Bundesanzeiger-Verlag: Viertes Gesetz für moderne Dienstleistungen am Arbeitsmarkt. In: Bundesgesetzblatt 66/1 (2003). Bonn 2003.

Bundesministerium für Arbeit und Soziales: Neue Zukunftschancen für 2,5 Millionen Kinder und Jugendliche. http://www.bildungspaket.bmas.de (04.05.2011).

Bundeszentrale für politische Bildung: Hartz-Gesetze. http://www.bpb.de/popup/popup_lemmata.html?guid=LRU1FS (04.05.2011).

Duden-Redaktion: Wie kommt ein Wort in den Duden?. http://www.duden.de/deutsche_sprache/sprachwissen/wort_in_den_duden.php (04.05.2011).

Eitz, Thorsten/Stötzel, Georg: Wörterbuch der Vergangenheitsbewältigung. Darmstadt 2007.

Flegelskamp, Gert: Hartz-IV-Fernsehen. http://www.flegel-g.de/hartz-iv-fernsehen.html (04.05.2011).

Gegen-Hartz.de-Redaktion: Ist Hartz IV ein Unwort des Jahres?. http://www.gegen-hartz.de/nachrichtenueberhartziv/ist-hartz-iv-ein-unwort-des-jahres98766.php (04.05.2011).

Gesellschaft für deutsche Sprache: Fragen und Antworten. http://www.gfds.de/sprachberatung/fragen-und-antworten/uebersichtsseite/umbenennung-von-hartz-iv/ (04.05.2011).

Gesellschaft für deutsche Sprache: Von „aufmüpfig" bis „Teuro". Die „Wörter der Jahre" von 1971-2002. (= Duden. Band 4) Mannheim 2003.

Gläser, Rosemarie: Eigennamen in der Arbeitswelt. Leipzig 2005.

Hammerstein, Konstantin von/Knaup, Horand/Nelles, Roland/u.a.: Vorwärts und vergessen. In: Der Spiegel 47 (2002). S. 22-35.

Kuntzsch, Lutz: Wörter des Jahres 2004. In: Der Sprachdienst 1 (2005). S. 1-12.

Langenscheidt-Redaktion: Das Jugendwort des Jahres 2009: „harzen".
http://www.jugendwort.de/pr_meldung_07.cfm (04.05.2011).

Spiegel-Online-Redaktion: Entkerntes Reformhaus. Was von Hartz übrig blieb.
http://www.spiegel.de/wirtschaft/0,1518,270201,00.html (04.05.2011).

Spiegel-Online-Redaktion: Hartz Gesetze. Die wichtigsten Wünsche der Abweichler.
http://www.spiegel.de/politik/deutschland/0,1518,269578,00.html (04.05.2011).

Spiegel-Online-Redaktion: Höhere Regelsätze. Hartz-IV-Reform ist endlich beschlossen.
http://www.spiegel.de/politik/deutschland/0,1518,747732,00.html (04.05.2011).

Sozialleistungen.info-Redaktion: Der Begriff Hartz-IV lässt sich nicht mehr verdrängen.
http://www.sozialleistungen.info/news/26.12.2009-sprachwissenschaftler-der-begriff-hartz-iv-laesst-sich-nicht-mehr-verdraengen/ (04.05.2011).

Süddeutsche.de-Redaktion: Hartz-IV-Umbenennung gestoppt. Das Basisgeld bleibt aus.
http://www.sueddeutsche.de/wirtschaft/hartz-iv-umbenennung-kein-basisgeld-fuer-arbeitslose-1.1001227 (04.05.2011).

Süddeutsche.de-Redaktion: Peter Hartz gibt Bundesverdienstkreuz zurück.
http://www.sueddeutsche.de/politik/bundesverdienstkreuz-peter-hartz-gibt-bundesverdienstkreuz-zurueck-1.232706 (04.05.2011).

Welt-Online-Redaktion: Alleinerziehende in der Hartz-IV-Falle.
http://www.welt.de/politik/deutschland/article7307340/Alleinerziehende-in-der-Hartz-IV-Falle.html (04.05.2011).

Welt-Online-Redaktion: Von der Leyen will Hartz-IV-Begriff abschaffen.
http://www.welt.de/politik/deutschland/article6046962/Von-der-Leyen-will-Hartz-IV-Begriff-abschaffen.html (04.05.2011).

Zeit-Online-Redaktion: Frau Thieme scheitert an Hartz-IV.
http://www.zeit.de/politik/deutschland/2010-10/gesetze-sprache-hartz-iv (04.05.2011).